AF305844

THÉORIE SIMPLIFIÉE

DE LA MUSIQUE

PAR L. GIRARD

PROFESSEUR D'HARMONIE

PRIX : 8 FRANCS

PARIS

GAUTROT AINÉ ET Cⁱᵉ,

MANUFACTURE GÉNÉRALE D'INSTRUMENTS DE MUSIQUE
80, RUE TURENNE, 80.

1869

THÉORIE SIMPLIFIÉE

DE LA MUSIQUE

PARIS. — IMP. ADRIEN LE CLERE, RUE CASSETTE, 29.

THÉORIE SIMPLIFIÉE

DE LA MUSIQUE

PAR L. GIRARD

PROFESSEUR D'HARMONIE

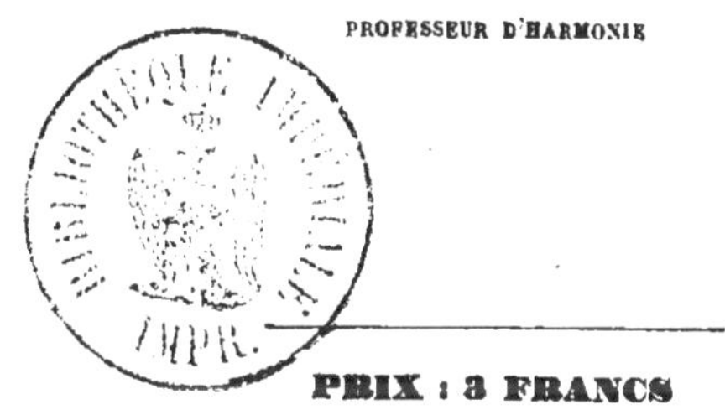

PRIX : 3 FRANCS

PARIS

GAUTROT AINÉ ET Cⁱᵉ,

MANUFACTURE GÉNÉRALE D'INSTRUMENTS DE MUSIQUE

80, RUE TURENNE, 80.

1869

THÉORIE SIMPLIFIÉE

DE LA MUSIQUE

Il y a, en musique, sept sons primitifs qu'on nomme : *do* (ou *ut*), *ré, mi, fa, sol, la, si*, en procédant du plus grave au plus aigu. En y ajoutant un huitième son nommé aussi *do* (ou *ut*), parce qu'il n'est que la répétion à l'aigu du premier, on a une série ascendante de huit sons qu'on nomme *gamme*.

Ce huitième son peut servir de point de départ à une nouvelle gamme ascendante; de même que le premier son peut servir de point de départ à une nouvelle gamme descendante. Ainsi le premier son d'une gamme est en même temps le huitième son d'une gamme plus grave ; et le huitième son d'une gamme est en même temps le premier son d'une gamme plus aiguë.

On représente les sons par des *notes*.

Les notes s'écrivent sur un groupe de cinq lignes, nommé *portée*.

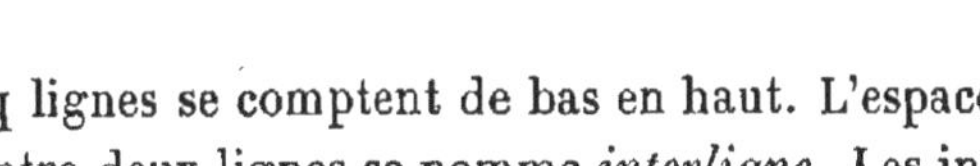

Ces cinq lignes se comptent de bas en haut. L'espace compris entre deux lignes se nomme *interligne*. Les interlignes se comptent aussi de bas en haut.

On écrit les notes sur les lignes, dans les interlignes, au-dessus et au-dessous de la portée.

Les cinq lignes de la portée ne suffisant pas, on ajoute au besoin au-dessus et au-dessous de la portée de petites *lignes supplémentaires*.

On connaît le nom des notes sur la portée à l'aide d'une *clef*. Il y a trois clefs: la clef de *fa*, qui se place sur la 4ᵉ ligne; la clef d'*ut*, qui se place sur les 1ᵉ, 3ᵉ et 4ᵉ lignes; la clef de *sol*, qui se place sur la 2ᵉ ligne.

La clef de *fa* s'emploie pour les voix graves d'hommes (basse, baryton) et pour les instruments graves.

La clef d'*ut* sur la 4ᵉ ligne, pour les voix aiguës d'hommes (ténor) et pour certains instruments intermédiaires.

La clef d'*ut* sur la 3ᵉ ligne s'employait autrefois pour les voix les plus aiguës d'hommes (haute-contre) et pour les voix les plus graves de femmes ou d'enfants (alto).

Elle s'emploie aujourd'hui pour certains instruments intermédiaires.

La clef d'*ut* sur la 1ʳᵉ ligne et la clef de *sol* sur la 2ᵉ ligne s'emploient pour les voix aiguës de femmes et d'enfants (soprano).

RAPPORTS DE DIFFÉRENTES CLEFS.

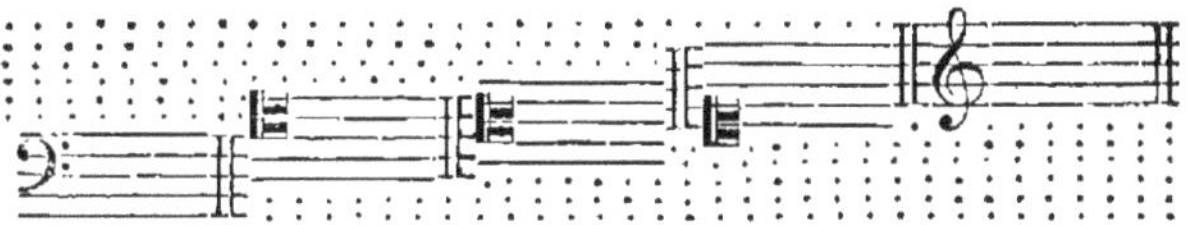

Les clefs les plus usitées aujourd'hui sont celle de *fa,* et surtout celle de *sol.*

DE LA TONALITÉ.

Chaque son de la gamme est un *degré.*

Ou nomme *intervalle* la distance d'un degré à un autre.

L'intervalle reçoit son nom du nombre de degrés qu'il renferme.

Ainsi l'intervalle du 1er degré au 8e s'appelle *octave.*

	du 1er	—	au 7^e	—	*septième.*
—	du 1er	—	au 6^e	—	*sixte.*
—	du 1er	—	au 5^e	—	*quinte.*
—	du 1er	—	au 4^e	—	*quarte.*
—	du 1er	—	au 3^e	—	*tierce.*
—	du 1er	—	au 2^e	—	*seconde.*

Nous donnerons à l'*intervalle nul* formé par deux sons sur le même degré le nom de *prime* (1).

---

(1) Nous préférons ce nom à celui d'*unisson,* parce que le mot *unisson* étant consacré depuis longtemps pour indiquer deux sons identiques, on ne sait plus comment nommer l'intervalle *do-do* ♮,

Les intervalles sont supérieurs ou inférieurs, suivant qu'ils se comptent en montant ou en descendant.

Ainsi la quinte supérieure de *ré* est *la* ; sa quinte inférieure est *sol*.

La sixte supérieure de *fa* est *ré*; sa sixte inférieure est *la*.

Un intervalle est *renversé* lorsque sa note aiguë est transportée à l'octave inférieure, ou lorsque sa note grave est transportée à l'octave supérieure.

(Si c'est une *prime*, il suffit qu'une de ses deux notes soit haussée ou abaissée d'une octave.)

On peut dire aussi que le *renversement* d'un intervalle est l'intervalle qu'il faut lui ajouter pour compléter une octave.

Ainsi les intervalles de

ont pour renversements ceux de

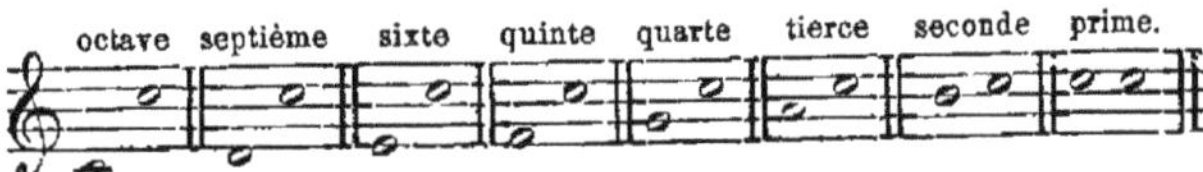

par exemple. On ne peut pas dire *unisson augmenté,* tandis que rien ne s'oppose à ce qu'on dise *prime augmentée.* Il est évident qu'il n'est pas plus illogique de dire une *prime* que de dire une *tierce,* une *quinte,* etc. On donne ordinairement à un intervalle tel que *do-do* ♯ le nom de demi-*ton* chromatique, mais nous devons ici rejeter le mot *ton* afin d'éviter un grave inconvénient, celui d'*employer le même mot dans deux acceptions différentes.* Nous réserverons le mot *ton* pour désigner le degré d'élévation du point de départ d'une gamme. D'ailleurs quand tous les intervalles sont nommés d'après le nombre de degrés qu'ils renferment, pourquoi celui-là seul (*do-do* ♯) ferait-il exception ?

Si l'on représente la *prime*, la *seconde*, la *tierce*, la *quarte*, etc.
                    par 1,   2,   3,   4, etc.

on trouvera leurs renversements en retranchant de 9 chacun de ces chiffres.

La différence de 9 à 1, 2, 3, 4, 5, 6, 7, 8,
              est 8, 7, 6, 5, 4, 3, 2, 1.

Au delà de l'octave les intervalles ne se renversent pas. On nomme *redoublés* ces intervalles plus grands que l'octave (les autres se nomment intervalles *simples*).

Les redoublements de la *seconde*, de la *tierce*, de la *quarte*, etc., s'appellent intervalles de *neuvième, dixième, onzième*, etc.

(On obtient le redoublement d'un intervalle simple en ajoutant 7 au chiffre *qui représente cet intervalle simple*.)

Toutes les *secondes* ne sont pas égales, et la *seconde* étant l'élément qui forme les autres intervalles, il s'ensuit que des intervalles de même nom peuvent ne pas être égaux.

Les deux secondes *mi-fa* et *si-do* sont plus petites que les autres (1). On les appelle secondes *mineures*. Les autres s'appellent secondes *majeures*.

5 secondes majeures : *do-ré, ré-mi,* . . . *fa-sol, sol-la, la-si,*
2 secondes mineures : . . . . *mi-fa,* . . . . *si-do.*

(Tous ces intervalles et les suivants sont comptés du grave à l'aigu.)

----

(1) Le maître pourra faire entendre aux élèves un son intermédiaire entre *do* et *ré* entre *ré* et *mi*, etc., et leur faire remarquer que ce son intermédiaire ne peut avoir lieu entre *mi* et *fa,* entre *si* et *do.*

Les *tierces* et les *quartes* qui ne referment que des secondes majeures sont *majeures*.

Les *tierces* et les *quartes* qui renferment l'une des deux secondes mineures sont *mineures*.

3 tierces majeures *do-mi,* . . . . *fa-la, sol-si,*
4 tierces mineures : . . . . *ré-fa, mi-sol,* . . . . *la-do, si-ré.*

1 quarte majeure . . . . *fa-si,*
6 quartes mineures : *do-fa, ré-sol, mi-la,* . . . *sol-do, la-ré, si-mi.*

(On donne ordinairement à la quarte *mineure* le nom de *quarte juste.*)

Les *quintes,* les *sixtes* et les *septièmes* qui ne renferment qu'une des deux secondes mineures sont *majeures*; celles qui renferment les deux secondes mineures sont *mineures*.

6 quintes majeures : *do-sol, ré-la, mi-si, fa-do, sol-ré, la-mi,*
1 quinte mineure : . . . . *si-fa.*

(On donne ordinairement à la quinte *majeure* le nom de *quinte juste.*)

4 sixtes majeures : *do-la, ré-si,* . . . . *fa-ré, sol-mi,*
3 sixtes mineures : . . . . *mi-do,* . . . . *la-fa, si-sol.*

2 septièmes majeures : *do-si,* . . . . . . *fa-mi,*
5 septièmes mineures : . . . *ré-do, mi-ré,* . . . *sol-fa, la-sol, si-la.*

Les octaves ne peuvent être ni majeures ni mineures; elles sont toutes égales, comme étant toutes composées de cinq secondes majeures et deux mineures.

Remarquez que les intervalles *majeurs* deviennent *mineurs* par le renversement, et *vice versa*.

Ainsi la quarte *majeure fa-si* a pour renversement la quinte *mineure si-fa*. Les deux secondes *mineures mi-fa* et *si-do* ont pour renversement les deux septièmes *majeures fa-mi* et *do-si*.

Une succession de sons procédant par secondes majeures ou mineures marche par *degrés conjoints* ;

Toute succession procédant par intervalles plus grands que la seconde majeure *marche par* degrés disjoints.

La gamme a deux manière d'être ou *modes* : le *mode majeur* et le *mode mineur*.

(L'ensemble de ces deux modes constitue la *tonalité* moderne) (1).

GAMME DU MODE MAJEUR OU GAMME MAJEURE.

On donne le nom de gamme majeure a une succession telle que celle-ci :

---

(1) De même que l'ensemble des modes du *plain-chant* constitue la tonalité ancienne.

Beaucoup d'auteurs emploient le mot *tonalité* comme synonyme de *ton*. Nous nous attachons ici à n'employer jamais le même mot dans deux acceptions différentes ; car c'est là pour la théorie une cause d'obscurité et de confusion.

Cette série de huit sons se compose de deux parties égales nommées *tétracordes* (1) : *do ré mi fa* et *sol la si do*.

Chacun de ces deux tétracordes se compose de *deux secondes majeures suivies d'une mineure*.

Ils sont séparés par un intervalle de seconde majeure. Voici donc de quelle manière est formée la gamme majeure :

<table>
<tr><td></td><td>8e degré</td><td>seconde mineure.</td></tr>
<tr><td rowspan="3">2e tétracorde.</td><td>7e —</td><td></td></tr>
<tr><td></td><td>— majeure.</td></tr>
<tr><td>6e —</td><td></td></tr>
<tr><td></td><td>5e —</td><td>— majeure.</td></tr>
<tr><td rowspan="4">1er tétracorde.</td><td>4e —</td><td>— majeure.</td></tr>
<tr><td>3e —</td><td>— mineure.</td></tr>
<tr><td>2e —</td><td>— majeure.</td></tr>
<tr><td>1er —</td><td>— majeure.</td></tr>
</table>

Toutes les notes ont un son fixe, déterminé par un instrument nommé *diapason*. (Le diapason donne le *la*, et par suite tous les autres sons qui sont avec le *la* dans un rapport constant.) Si donc on veut reproduire plus haut ou plus bas la série de sons qu'on nomme gamme majeure et qui a pour type,

---

(1) *Tétracorde*, série de quatre sons procédant par degrés conjoints.

il faudra prendre pour 1ᵉʳ degré tout autre son que *do*.
La hauteur de ce 1ᵉʳ dégré relativement au diapason est
ce qu'on appelle le *ton*; et le 1ᵉʳ degré s'appelle *tonique*.

Le 1ᵉʳ degré ou tonique forme avec le 3ᵉ et le 5ᵉ ce
qu'on appelle l'*accord parfait*.

Ainsi
$$\left\{\begin{array}{l} sol \\ mi \\ do \end{array}\right.$$
est un accord parfait.

Le 5ᵉ degré, qui occupe dans l'accord parfait la position supérieure, se nomme *dominante*.

Le 3ᵉ degré, qui occupe la position intermédiaire, s'appelle *médiante*.

Le 7ᵉ degré, qui n'est distant que d'une seconde mineure de la tonique, s'appelle *sensible*.

Le 2ᵉ degré s'appelle sus-tonique.

Le 4ᵉ   —   —   sous-dominante.

Le 6ᵉ   —   —   sus-dominante.

TONIQUE.	—	8ᵉ degré.
Sensible.	—	7ᵉ —
Sus-dominante. . .	—	6ᵉ —
DOMINANTE	—	5ᵉ —
Sous-dominante . .	—	4ᵉ —
MÉDIANTE.	—	3ᵉ —
Sus-tonique. . . .	—	2ᵉ —
TONIQUE	—	1ᵉʳ —

FORMATION DES GAMMES.

Les deux tétracordes de la gamme de *do* étant composés de la même manière, il s'ensuit que le 2ᵉ tétracorde *sol-la-si-do* peut devenir le 1ᵉʳ tétracorde d'une nouvelle gamme dont la *tonique* sera *sol*.

En regard du tableau, donné plus haut, de la composition de la gamme, écrivons la série *sol la si do ré mi fa sol* et comparons :

1ᵉʳ tétracorde.	8ᵉ degré . . . . . . sol.		seconde maj.
		seconde mineure .	
	7ᵉ — . . . . . . fa.		— min.
		seconde majeure .	
	6ᵉ — . . . . . . mi.		— maj.
		seconde majeure .	
	5ᵉ — . . . . . . ré.		— maj.
		seconde majeure .	
	4ᵉ — . . . . . . do.		
2ᵉ tétracorde.	3ᵉ — . . . . . . si.		
	2ᵉ — . . . . . . la.		
	1ᵉʳ — . . . . . . sol.		

Du 6ᵉ au 7ᵉ degré il doit y avoir un intervalle de seconde *majeure*, et de *mi* à *fa* l'intervalle n'est que d'une seconde *mineure*. Il faut donc pour le 7ᵉ degré un son plus élevé que *fa*, et qui forme avec *mi* un intervalle de seconde majeure. On donne à ce nouveau son le nom de *fa dièse*.

La gamme de *sol* sera donc :

Sol, la, si, do, ré, mi, fa dièse, sol.

Le *fa dièse* s'indique sur la portée à l'aide du signe ♯ (appelé *dièse*) qu'on écrit devant le *fa*.

Le 2ᵉ tétracorde de la gamme de *sol* (*ré, mi, fa dièse, sol*) peut devenir à son tour 1ᵉʳ tétracorde de la gamme de *ré*.

En raisonnant comme précédemment on trouvera que cette gamme de *ré* est :

ré, mi, fa dièse, sol, la, si, do dièse, ré.

Le 2ᵉ tétracorde *la, si, do dièse, ré* deviendra le 1ᵉʳ tétracorde de la gamme de *la*, et ainsi de suite.

Voici le tableau de toutes les gammes engendrées de cette manière. (Le 2ᵉ tétracorde de chacune devient 1ᵉʳ tétracorde de la suivante.)

		Degré								
	seconde min.	8ᵉ degré	do	sol	ré	la	mi	si	fa♯	do♯
2ᵉ tétracorde.	maj.	7ᵉ —	si	fa♯	do♯	sol♯	ré♯	la♯	mi♯	si♯
	maj.	6ᵉ —	la	mi	si	fa♯	do♯	sol♯	ré♯	la♯
	maj.	5ᵉ —	sol	ré	la	mi	si	fa♯	do♯	sol♯
	min.	4ᵉ —	fa	do	sol	ré	la	mi	si	fa♯
1ᵉʳ tétracorde.	maj.	3ᵉ —	mi	si	fa♯	do♯	sol♯	ré♯	la♯	mi♯
	maj.	2ᵉ —	ré	la	mi	si	fa♯	do♯	sol♯	ré♯
		1ᵉʳ —	do	sol	ré	la	mi	si	fa♯	do♯

Les deux tétracordes de la gamme de *do* étant composés de la même manière, il s'ensuit que le 1ᵉʳ tétracorde *do, ré, mi, fa* peut devenir le 2ᵉ tétracorde d'une nou-

velle gamme finissant, et par conséquent commençant
aussi par *fa*.

En regard du tableau de la composition de la gamme
écrivons la série *fa, sol, la, si, do, ré, mi, fa* et comparons :

	8ᵉ degré	. . . . . . *fa.*	
	7ᵉ —	. . . . . . *mi.*	
2ᵉ tétracorde.	6ᵉ —	. . . . . . *ré.*	
	5ᵉ —	. . . . . . *do.*	seconde min.
		seconde majeure .	
	4ᵉ —	. . . . . . *si.*	— maj.
		seconde mineure .	
	3ᵉ —	. . . . . . *la.*	— maj.
1ᵉʳ tétracorde.		seconde majeure .	
	2ᵉ —	. . . . . . *sol.*	— maj.
		seconde majeure .	
	1ᵉʳ —	. . . . . . *fa.*	

Du 3ᵉ degré au 4ᵉ, il doit y avoir un intervalle de seconde mineure, et de *la* à *si*, l'intervalle est d'une seconde majeure. Il faut donc pour 4ᵉ degré un son moins
élevé que *si*, et qui forme avec *la* une seconde mineure.
On donne à ce nouveau son le nom de *si bémol*.

La gamme de *fa* sera donc :

fa, sol, la, si bémol, do, ré, mi, fa.

Le *si bémol* s'indique sur la portée à l'aide du signe ♭
(nommé *bémol*), qu'on écrit devant le *si*.

Le 1ᵉʳ tétracorde de la gamme de *fa* (*fa, sol, la, si bémol*) peut devenir à son tour 2ᵉ tétracorde d'une gamme finissant (et commençant) par *si bémol*. En raisonnant comme précédemment on trouvera que cette gamme est :

si bémol, do, ré, mi bémol, fa, sol, la, si bémol.

Le 1ᵉʳ tétracorde *si bémol, do, ré, mi bémol*, deviendra le 2ᵉ tétracorde de la gamme de *mi bémol*, et ainsi de suite.

Voici le tableau de toutes les gammes engendrées de cette manière (le 1ᵉʳ tétracorde de chacune devient 2ᵉ tétracorde de la suivante).

tétracorde	intervalle	degré								
2ᵉ tétracorde.	seconde min.	8ᵉ degré	do	fa	si♭	mi♭	la♭	ré♭	sol♭	do♭
	maj.	7ᵉ —	si	mi	la	ré	sol	do	fa	si♭
	maj.	6ᵉ —	la	ré	sol	do	fa	si♭	mi♭	la♭
	maj.	5ᵉ —	sol	do	fa	si♭	mi♭	la♭	ré♭	sol♭
	min.	4ˢ —	fa	si♭	mi♭	la♭	ré♭	sol♭	do♭	fa♭
1ᵉʳ tétracorde.	maj.	3ᵉ —	mi	la	ré	sol	do	fa	si♭	mi♭
	maj.	2ˢ —	ré	sol	do	fa	si♭	mi♭	la♭	ré♭
		1ᵉʳ —	do	fa	si♭	mi♭	la♭	ré♭	sol♭	do♭

D'après ce qui vient d'être exposé, on voit que les dièses se présentent successivement dans l'ordre suivant :

dièses : *fa, do, sol, ré, la, mi, si,*

c'est à-dire par quintes ascendantes.

Les bémols se présentent dans l'ordre inverse :

bémols : *si, mi, la, ré, sol, do, fa.*

c'est-à-dire par quintes descendantes.

Les dièses et les bémols qui servent à la formation d'une gamme s'écrivent une fois pour toutes au commencement du morceau de musique, immédiatement après la clef et à la place qu'occupent sur la portée les notes que ces signes doivent affecter.

Au lieu d'écrire, par exemple, la gamme de *mi* de la manière suivante :

On écrit ainsi :

Au lieu d'écrire la gamme de *la* ♭ de la manière suivante :

On écrit ainsi :

L'ensemble des dièses ou des bémols ainsi écrits à la clef forme ce qu'on appelle l'*armure de la clef*.

Le dernier dièse de l'armure étant toujours la note *sensible,* il est facile de reconnaître à l'inspection de l'armure le *ton* d'un morceau (1).

Le dernier bémol de l'armure étant toujours la sous-dominante (4° degré), ou mieux, l'avant-dernier bémol

______

(1) Il ne peut être question ici que du mode majeur.

étant toujours la *tonique*, il est facile de reconnaître à l'inspection de l'armure le ton d'un morceau (1).

Exemples :

N° 1. Le dernier ♯ (le seul) étant *fa* ♯, la tonique est *sol*.

N° 2. Le dernier ♯ étant *sol* ♯, la tonique est *la*.

N° 3. Le dernier ♯ étant *mi* ♯, la tonique est *fa* ♯.

N° 1. Le dernier bémol (le seul) étant si ♭, la tonique est *fa* (c'est-à-dire le 4° degré étant si ♭, le 1ᵉʳ degré ou tonique est *fa*. Ici on ne peut prendre l'avant-dernier ♭, puisqu'il n'y en a qu'un).

N° 2 L'avant-dernier ♭ étant mi ♭, la tonique est *mi* ♭.

Le ♯ et le ♭ s'appellent *signes altératifs* (parce qu'ils *altèrent* l'intonation de la note qu'ils précèdent).

On les nomme dièses, bémols *constitutifs*, lorsqu'ils sont nécessaires à la constitution d'une gamme.

Dans tout autre cas, on les appelle *accidents* ou *signes accidentels*.

Le signe ♮, nommé bécarre, placé devant une note détruit l'effet du ♯ et du ♭, et rend à la note son intonation primitive (2)

Exemples :

---

(1) Il ne peut être question ici que du mode majeur.
(2) Celle qu'elle a dans la gamme majeure de *do*.

On se sert encore, mais plus rarement, des deux signes suivants : le double-dièse ✕ et le double-bémol ♭♭.

Exemples :

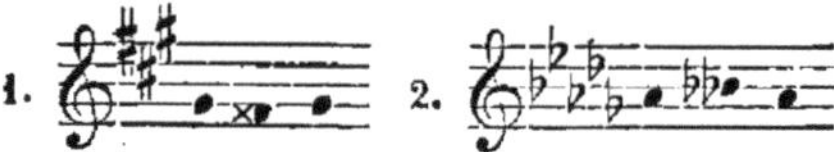

Dans l'ex. : **1,** *fa* ✕ est à distance de seconde mineure de *sol* ♯.

Dans l'ex. **2,** *si* ♭♭ est à distance de seconde mineure de *la* ♭.

Toute gamme qui, comme celles que nous venons d'étudier, n'emploie d'autres secondes mineures que celles qui sont nécessaires à sa constitution, s'appelle gamme *diatonique.*

Les notes dont l'intonation est modifiée par l'emploi des signes altératifs, fournissent de nouveaux intervalles plus grands ou plus petits que les intervalles de la gamme diatonique. On les nomme intervalles *augmentés* et intervalles *diminués.*

L'intervalle de *prime,* étant nul, ne saurait être diminué. Mais il peut être augmenté.

Les secondes, tierces, quartes, quintes, sixtes, septièmes et octaves peuvent être diminuées (plus petites que mineures) ou augmentées (plus grandes que majeures).

Exemples :

Observons que par le renversement les intervalles *augmentés* deviennent *diminués*, et que les intervalles *diminués* deviennent *augmentés*.

Ainsi la *prime augmentée* devient *octave diminuée*.

— la *seconde augmentée* — 7° *diminuée*.

— la *tierce augmentée* — 6° *diminuée*.

2

D'après ce qui a été dit plus haut, l'*octave augmentée* ne peut avoir de renversement, puisque cet intervalle est plus grand que l'octave.

L'*octave augmentée* est le redoublement de la *prime augmentée*, de même que la 9e, la 10e, etc. *augmentées*, sont les redoublements de la *seconde*, de la *tierce*, etc., *augmentées*.

Nous avons vu que la *prime diminuée* ne peut exister.

la *seconde diminuée* a pour renver^t la 7e *augmentée*.

la *tierce diminuée*, ... la 6e *augmentée*.

etc.

l'*octave diminuée*, ... la *prime augmentée* (1).

Nous avons dit que la seconde mineure est plus petite que la seconde majeure; ajoutons ici qu'elle est plus petite de moitié. De sorte que si l'on considère la seconde majeure *do-ré*, par exemple, cette seconde sera partagée en deux parties égales (2) par *do* ♯ qui forme avec

---

(1) Faisons remarquer l'avantage que présente, ici particulièrement, cette dénomination de *prime*. La 11e, la 10e, la 9e AUGMENTÉES, par exemple, sont les redoublements de la *quarte*, de la *tierce*, de la *seconde* AUGMENTÉES. Et l'octave AUGMENTÉE, de quel intervalle AUGMENTÉ est-elle le redoublement? Les solféges sont muets sur ce point. La *quinte*, la *sixte*, la *septième* DIMINUÉES ont pour renversements la *quarte*, la *tierce*, la *seconde* AUGMENTÉES. Et l'octave DIMINUÉE, quel intervalle AUGMENTÉ a-t-elle pour renversement? Aucun théoricien n'ose répondre : l'*unisson augmenté*. On voit combien ce mot *unisson* est embarrassant pour la théorie. Halévy dit (*Leçons de lecture musicale*, page 122) : « L'*unisson* n'étant ni *majeur* ni *mineur* ne peut être ni *augmenté* ni *diminué*. » Et cependant il est obligé d'admettre l'*octave augmentée* et l'octave *diminuée*, bien que l'octave ne puisse être ni *majeure* ni *mineure*. Et après avoir dit que « le mot *unisson* comporte l'idée de deux sons ayant la même intonation, » il admet l'expression *unisson altéré* pour désigner un intervalle tel que *do-do* ♯. *Unisson* signifie *un seul son*. *Altérer* l'unisson c'est l'anéantir.

(2) Beaucoup de théoriciens repoussent cette opinion. Les uns veulent qu'il y ait entre *do* ♯ et *ré* ♭, par exemple, un intervalle nommé

ré une seconde mineure, ou par *ré* ♭ qui forme avec *do*
une seconde mineure.

ré   ré
do ♯   ré ♭
do   do

Do ♯ et *ré*♭ ont donc la même intonation.

Cette identité de deux sons portant des noms différents
s'appelle *enharmonie*, et ces deux notes sont *enharmo-
niques* l'une de l'autre ; c'est-à-dire que *do* ♯ est enharmonique de *ré* ♭ et *vice versa*. Le ♯ s'emploie pour indiquer une tendance ascendante , et le ♭ pour indiquer
une tendance descendante.

On appelle *gamme chromatique* une gamme dont
toutes les secondes majeures sont divisées en deux parties
égales par le ♯ ou le ♭.

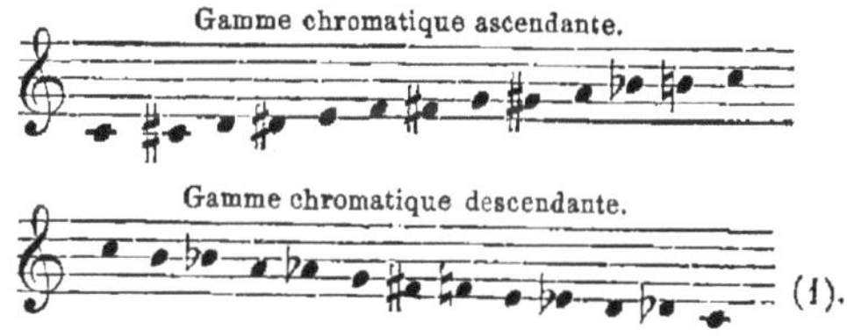

comma égal à la 9ᵉ partie de la seconde majeure ; les autres prétendent
que cet intervalle est d'un cinquième. Dans ce dernier cas le son qui
partage la seconde majeure en deux parties égales ne différerait donc
que de $\frac{1}{10}$ du do ♯ et du ré ♭ réels. Or quelle est l'oreille capable
d'apprécier une pareille fraction ? — D'ailleurs tout le système
de la musique moderne est basé sur le partage de l'octave en
douze parties égales, et rejeter cette division c'est renverser tout
le système.

(1) On verra plus loin pourquoi nous n'employons pas *la* ♯ dans a
gamme chromatique ascendante, ni *sol* ♭ dans la gamme chromatique descendante.

On appelle intervalles *chromatiques* les intervalles *augmentés* et *diminués*.

Dans la série des tons :

1   2   3   4   5   6   7   8   9   10   11   12   13   14   15
do♭, sol♭, ré♭, la♭, mi♭, si♭, fa, do, sol, ré, la, mi, si fa♯, do♯,

observons que *do* ♭ est enharmonique de *si,*

        sol ♭   —   —   de *fa* ♯

        ré ♭   —   —   de *do* ♯

De deux tons ènharmoniques on prend celui dont l'armure est la plus simple;

l'armure du ton de *fa* ♯ 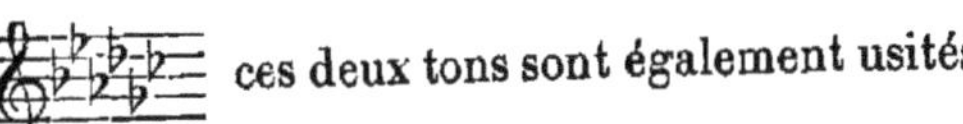 renfermant autant de dièses que celle du ton de *sol* ♭ renferme de bémols, ces deux tons sont également usités.

Mais il y a plus d'avantage à employer

le ton de *si* que son enharmonique *do* ♭

le ton de *ré* ♭ que son enharmonique *do* ♯

Ce qui réduit à 13 le nombre des gammes majeures usitées.

GAMME DU MODE MINEUR OU GAMME MINEURE.

Dans la gamme *majeure*, le 3e degré forme avec la tonique un intervalle de tierce majeure. La 6e degré forme avec la tonique un intervalle de sixte majeure

La gamme *mineure* diffère de la gamme majeure en ce que le 3e degré forme avec la tonique une tierce *mineure*, et le 6e degré forme avec la tonique une sixte *mineure*.

Gamme du ton de *do*.

Mode majeur.

```
           do
           si
         ( la                          ( do
         | sol  ——————————             | si
Sixte maj.| fa         sixte min.      | la♭
         | mi                          | sol
         ( ré  ( tierce maj.           ( fa
           do  (                       | mi♭
                                       | ré  ( tierce min.
                                       ( do  (
```

Mode mineur.

Gamme du ton de *la*.

Mode majeur.

```
           la                          la
         ( sol♯                        sol♯
         | fa♯  ——————————             fa♯
         | mi                          ( mi
Sixte maj.| ré         sixte min.      | ré
         | do♯ (                       | do
         | si  ( tierce maj.           ( si  ( tierce min.
         ( la  (                       ( la  (
```

Mode majeur.

Accord parfait.

majeur de *do*.

```
              ( sol             sol
Tierce maj.   | mi  ——————      mi♭ ( tierce min.
              ( do              do  (
```

Accord parfait.

mineur de *do*.

Accord parfait.   Accord parfait.

Majeur de *la*.   Mineur de *la*.

$$\text{Tierce maj.}\begin{cases} \text{mi} \\ \text{do}\sharp \\ \text{la} \end{cases} \!\!\!\!-\!\!\!\!\begin{cases} \text{mi} \\ \text{do} \\ \text{la} \end{cases}\!\!\!\! \text{tierce min.}$$

On voit que la gamme *mineure* de *la* se compose des mêmes sons que la gamme majeure de *do*, sauf le *sol* $\sharp$ (sensible). Encore ce *sol* $\sharp$ n'est-il nécessaire que dans la gamme ascendante. Dans la gamme descendante on fait très-souvent le *sol* naturel (1).

Pour cette cause on dit que les deux gammes de *do majeur* et de *la mineur* sont *relatives* l'une de l'autre.

La tonique *la* de la gamme mineure de *la* se trouve à un intervalle de *tierce mineure inférieure* de la tonique *do*.

Chaque gamme majeure aura comme celle de *do* sa *relative* mineure; et de la tonique *majeure* à la tonique *mineure* il y aura un intervalle de *tierce mineure inférieure*.

Les deux gammes relatives auront la même armure.

Gammes majeures.	*sol* ♭,	*ré* ♭,	*la* ♭,	*mi* ♭,	*si* ♭,	*fa,*	*do,*
Gammes mineures relatives.	*mi* ♭,	*si* ♭,	*fa,*	*do,*	*sol,*	*ré,*	*la,*
Gammes majeures.	*sol,*	*ré,*	*la,*	*mi,*	*si,*	*fa* $\sharp$,	
Gammes mineures relatives.	*mi,*	*si,*	*fa* $\sharp$,	*do* $\sharp$,	*sol* $\sharp$,	*ré* $\sharp$.	

Il y a dans la gamme mineure du 6ᵉ au 7ᵉ degré un

---

(1) Dans ce cas-là, le 7ᵉ degré ne peut conserver le nom de *sensible*.

intervalle chromatique de seconde augmentée qu'autrefois on n'osait franchir. De sorte que la gamme mineure
se faisait ainsi :

Cette gamme, comme on le voit, n'a que sept degrés,
c'est pourquoi on lui a donné le nom de mineure.

Pour rendre entièrement *diatonique* la gamme mineure ascendante, on altère souvent le 6ᵉ degré.

Il y a donc deux manières de monter la gamme mineure et deux manières de la descendre.

On voit, d'après cela, que la gamme majeure et la
gamme mineure peuvent différer par trois degrés : le 3ᵉ,
le 6ᵉ et le 7ᵉ. C'est pourquoi on a donné à ces trois degrés
le nom de notes *modales*. Les notes modales sont donc
celles dont l'altération change le *mode*.

Le 1ᵉʳ, le 4ᵉ et le 5ᵉ degré s'appellent notes *tonales* parce qu'on ne peut les altérer sans changer le *ton*.

Si l'on écrit les notes de la gamme majeure d'*ut* en procédant par quintes ascendantes, le *ré* occupera le milieu. A sa gauche se trouveront les trois notes *tonales* et à sa droite les trois *modales*.

Tonales.   Modales.

Fa, do, sol, ré, la, mi, si.

Le 2ᵉ degré, *ré*, participe de la nature des notes tonales et de celle des modales, en ce que son altération ascendante change le ton, et son altération descendante change le mode.

(Le ré ♭, il est vrai, ne figure pas dans l'armure de *do* mineur, il n'en est pas moins fréquemment employé dans ce ton.)

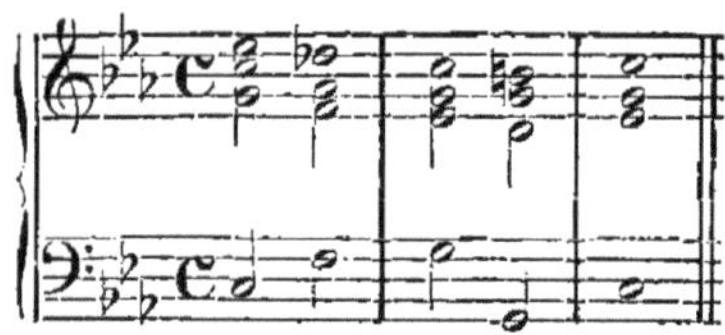

Un ton majeur quelconque a pour *voisins*, d'abord le mineur de même tonique, puis le mineur relatif, ensuite tous les tons dont les armures ne diffèrent de la sienne que d'un ♯ ou d'un ♭.

Ainsi les tons voisins de *do* majeur sont : *ré* mineur,

mi mineur, *fa* majeur, *sol* majeur, *la* mineur et *do* mineur.

Ton principal.

Tons majeurs :	*fa,*	DO,	*sol.*
Tons mineurs :	*ré,*	*la,*	*mi.*
		do.	

Un ton mineur quelconque a pour *voisins*, d'abord le majeur de même tonique, puis le relatif majeur, ensuite tous les tons dont les armures ne diffèrent de la sienne que d'un ♯ ou d'un ♭.

La gamme chromatique la plus correcte sera celle où ne figurent que des notes appartenant aux tons *voisins*.

Les tonales *fa do sol* et le 2ᵉ degré *ré* diésés deviennent les sensibles de *sol* majeur, *ré* mineur, *la* mineur et *mi* mineur, tous tons voisins de *do* majeur.

Les modales *si, mi, la* et le 2ᵉ degré *ré* bémolisés appartiennent, comme nous l'avons vu, au mode mineur de *do*.

Voilà sans doute pourquoi les classiques n'admettent dans la gamme chromatique de *do* majeur, ni le *sol* ♭, ni le *la* ♯ (1).

Les tons de *ré* et de *la* mineurs n'étant pas *voisins* de *do* mineur, leurs sensibles *do* ♯ et *sol* ♯ ne figureront pas dans la gamme chromatique de ce ton.

Gamme chromatique de *do* majeur.

Gamme chromatique de *do* mineur.

(2).

---

(1) Le *la* ♯ s'emploie cependant assez souvent comme *appoggiature* inférieure de *si*.

(2) On a imaginé de nos jours le *mode chromatique,* et même le

DE LA TRANSPOSITION.

Transposer un morceau de musique c'est l'exécuter dans un autre ton que celui où il est écrit. A cet effet on suppose une clef et une armure autres que celles qui sont écrites.

Soit à transposer 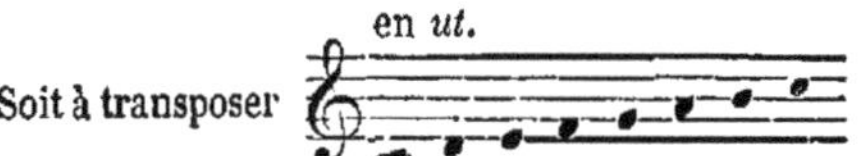

d'une seconde supérieure majeure ou mineure. La tonique *do* doit devenir *ré*; il faudra donc supposer la clef d'*ut* 3ᵉ ligne et une armure de deux ♯ ou cinq ♭.

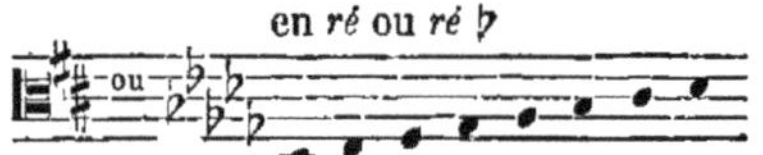

Pour transposer la même gamme d'une tierce supérieure (majeure ou mineure) la tonique *do* devenant *mi*, il faudra supposer la clef de *fa* avec 3 bémols ou 4 dièses pour armure.

Pour transposer la gamme donnée d'une quarte supé-

---

mode enharmonique, mais les inventeurs de ces nouveaux modes ne nous ont pas encore donné *l'accord parfait chromatique* ni *l'accord parfait enharmonique*.

rieure (ou d'une quinte inférieure), on supposera la clef d'*ut* sur la 2ᵉ ligne (1).

A la quarte inférieure (ou à la quinte supérieure), clef de *fa* 3ᵉ ligne (1).

A la tierce inférieure (clef d'ut 1ᵉʳ ligne).

A la seconde inférieure (clef d'ut 4ᵉ ligne).

---

(1) Cette clef inusitée dans la notation actuelle est nécessaire pour la transposition.

DU RHYTHME.

« Le rhythme, dans sa définition la plus générale, est la proportion qu'ont entre elles les parties d'un même tout (1). »

Une *phrase* musicale bien rhythmée se compose de deux, trois membres égaux, séparés par des repos nommés *cadences* (*rhythme de phrase*).

Chaque membre de phrase est formé de deux, trois parties égales nommées *mesures*. Chaque mesure renferme deux, trois parties égales nommées temps (rhythme de mesure.

Chaque temps est divisé lui-même en deux, trois parties égales (rhythme de temps).

Le temps est *binaire* ou *ternaire*, suivant qu'il est divisé en *deux* ou *trois* parties.

Le retour régulier, de deux en deux ou de trois en trois, d'un temps plus accentué que les autres et qu'on nomme *temps fort*, constitue le rhythme de mesure, ou, par abréviation, *la mesure*.

Dans l'écriture musicale on sépare les mesures les unes des autres par des barres verticales, qu'on nomme *barres de mesure* et qu'on place devant chaque temps fort.

La mesure est *binaire* (à 2 temps) ou ternaire (à trois temps.

La mesure *quaternaire* (à 4 temps), souvent employée, peut être considérée comme la réunion de deux mesures

---

(1) J.-J. Rousseau.

binaires. En effet la mesure à 4 temps renferme deux temps forts, le 1er et le 3e.

On marque les temps de la mesure par des mouvements de la main ou du pied ; c'est ce qu'on appelle *battre la mesure.*

Les différentes mesures se battent ainsi :

à 2 temps   à 3 temps   à 4 temps.

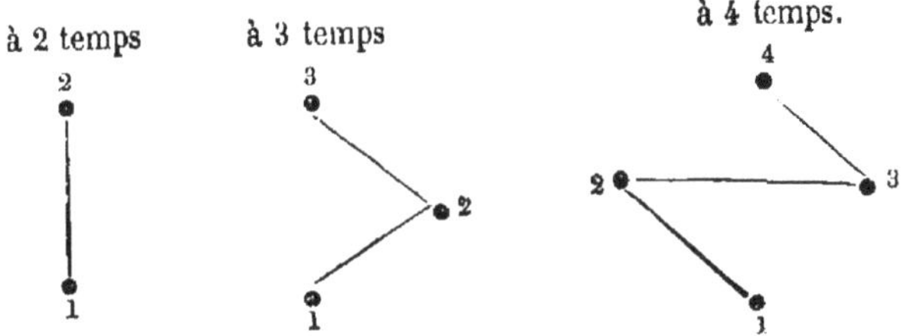

Les différentes durées de son et de silence s'indiquent par les figures suivantes :

L'entier,	1	correspondant à	la pause.	
La demie,	1/2	—	la demi-pause. .	
Le quart,	1/4	—	le quart de pause	
Le 8e,	1/8	—	le 8e de pause. .	
Le 16e,	1/16	—	le 16e de pause. .	
Le 32e,	1/32	—	le 32e de pause. .	
Le 64e (1),	1/64	—	le 64e de pause. .	(1)

(1) Ces noms, qui sont ceux qu'on emploie en Allemagne, rendent claire et facile la théorie des mesures, si obscure, si embrouillée pour les élèves avec ces dénominations insignifiantes de *ronde, blanche, noire, croche, double-croche, triple-croche,* soupir, demi-soupir, quart de soupir, etc.

La pause se place ordinairement sous la 4ᵉ ligne de ıa portée ; la demi-pause sur la 3ᵉ.

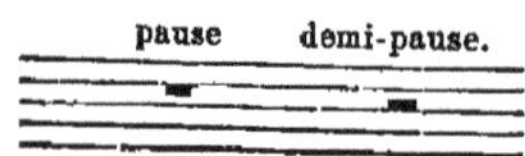

On réunıt souvent, dans l'écriture, un groupe de *huitièmes* par une barre, un groupe de *seizièmes* par une double-barre, un groupe de 32ᵉˢ par une triple-barre, etc.

Le *point* placé après une note ou un silence prolonge de moitié la durée de cette note ou de ce silence.

Ainsi

La liaison ⌣ ou ⌢ placée au-dessus ou au-dessous de deux ou plusieurs notes de même degré indique que, de toutes ces notes, la première seule doit être articulée et que les autres ne sont qu'une prolongation de la 1ʳᵉ.

Les temps peuvent se succéder avec plus ou moins de rapidité ou de lenteur. Ce degré de rapidité ou de lenteur est ce qu'on appelle le *mouvement*.

Les mots italiens suivants servent à indiquer les différents mouvements, du plus lent au plus vif.

Largo, adagio, andante, allegretto, allegro, presto, prestissimo.

Mais ces indications sont vagues. Le *métronome* au contraire donne le mouvement avec la plus grande précision. Ainsi l'indication ($\bullet=104$) se trouvant au commencement d'un morceau, on n'aura qu'à mettre le curseur à la hauteur du n° **104** de l'échelle graduée, et chaque mouvement du balancier donnera le mouvement exact de ♩ .

Les mesures sont à *temps binaires* et à *temps ternaires*.

Dans les mesures à temps binaires le temps peut être représenté par ♩ ($\frac{1}{2}$), ♩ ($\frac{1}{4}$), ou ♩ ($\frac{1}{8}$).

Dans les mesures à temps ternaires le temps peut être représenté par ♩. ($\frac{3}{4}$), ♩. ($\frac{3}{8}$), ou ♩. ($\frac{3}{16}$).

MESURES

	à temps binaires,			à temps ternaires.		
	Doubles	Simples.	Sous-doubles.	Doubles	Simples.	Sous-doubles.
Le temps réprésenté par	($\frac{1}{2}$)	($\frac{1}{4}$)	($\frac{1}{8}$)	($\frac{3}{4}$)	($\frac{3}{8}$)	($\frac{3}{16}$)
à 2 temps	$\frac{2}{2}$	$\frac{2}{4}$	$\frac{2}{8}$	$\frac{6}{4}$	$\frac{6}{8}$	$\frac{6}{16}$
à 3 temps	$\frac{3}{2}$	$\frac{3}{4}$	$\frac{3}{8}$	$\frac{9}{4}$	$\frac{9}{8}$	$\frac{9}{16}$
à 4 temps (1).	$\frac{4}{2}$	$\frac{4}{4}$	$\frac{4}{8}$	$\frac{12}{4}$	$\frac{12}{8}$	$\frac{12}{16}$

(1) $\frac{3}{2}$, $\frac{2}{4}$, $\frac{6}{8}$ par exemple doivent se prononcer non pas *trois-deux, deux-quatre, six-huit,* suivant l'absurde usage établi, mais bien *trois-*

Ces diverses indications se placent au commencement du morceau, immédiatement après la clef (et son armure, si elle en a une.)

demies, *deux-quarts, six-huitièmes.* L'élève qui connaît la note ♩ sous le nom de *noire* ne sait ce qu'on veut dire quand on lui parle de mesure à *deux-quatre,* par exemple. Au contraire l'élève qui est habitué à nommer ♩ *un quart,* comprendra parfaitement ce que c'est qu'une mesure à *deux-quarts.*

Mesures à temps ternaires.

(1) Les différentes figures ◦ ♩ ♪ ♫, etc., indiquent des durées non *absolues* mais *relatives*. Ainsi dans le même morceau ♩ indique

Parmi les mesures à temps binaires, la mesure double $\frac{2}{2}$ s'indique ordinairement par 2 ou ₵.

La mesure $\frac{3}{4}$ s'indique quelquefois par 3.

La mesure $\frac{4}{4}$ s'indique par 4 ou ₵.

D'après ce qui a été dit plus haut, dans la mesure à 2 temps le 1er temps est *fort* et par conséquent le 2e temps est *faible*. Dans la mesure à 3 temps le 1er temps est *fort* et les deux autres sont *faibles*. Lorsque le temps est divisé en deux ou trois parties, la 1re partie seule est *forte*.

Suivant que le temps est divisé en 4 ou 6 parties, la 1re et la 3e ou la 1re et la 4e sont fortes, la 2e et la 4e ou la 2e et la 3e, la 5e et la 6e sont faibles.

On appelle *syncope* un son qui commence sur un temps *faible* et se prolonge sur un temps *fort*, ou qui commence sur une *partie faible* d'un temps et se prolonge sur une partie *forte*.

Exemples :

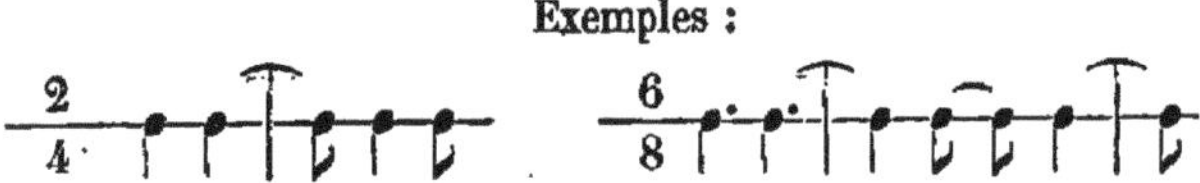

Bien qu'il y ait deux temps forts dans la mesure à

---

une durée double de ♩, quadruple de ♪; mais dans tel morceau ♩ peut indiquer une durée moindre que celle de ♪, dans tel autre 𝅝 ♩ ♪ peuvent avoir dans des morceaux différents des durées égales. — Pourquoi donc trois manières d'indiquer la durée d'un temps dans les mesures à temps binaires, et trois manières dans les mesures à temps ternaires? — Les mesures que nous nommons *simples* parce qu'elles sont les plus usitées, suffisent à tous les besoins de l'écriture musicale. Quant aux mesures *doubles* et *sous-doubles*, elles sont inutiles. Déjà plusieurs d'entre elles ont cessé d'être en usage; les autres doivent finir par disparaître aussi.

4 temps, le 1ᵉʳ et le 3ᵉ, le 3ᵉ est cependant faible relativement au 1ᵉʳ. C'est pourquoi il y aura également syncope dans l'exemple suivant:

L'effet des signes ♯, ♭, ♮, ×, ♭♭ se produit non-seulement sur la note qui les suit immédiatement, mais encore sur toutes les notes *du même degré* qui peuvent se trouver entre un de ces signes et la barre de mesure suivante.

Exemples:

On nomme *triolet* un groupe de trois notes mis à la place d'un groupe de deux. On l'indique par le chiffre 3 placé au-dessus du groupe.

Exemples:

On nomme sixain un groupe de six notes mis à la place

d'un groupe de quatre ; on l'indique par le chiffre 6 placé
au-dessus du groupe (1).

La liaison placée au-dessus ou au-dessous de deux ou
plusieurs notes de degrés différents indique que les sons
doivent être *liés* ou *coulés*.

Les points placés au-dessus ou au-dessous des notes
indiquent que les sons doivent être *détachés*.

---

(1) On confond trop souvent dans l'écriture le *sixain* avec le
double-triolet. Dans le sixain, les six notes sont divisées en trois
groupes de deux, dans le double-triolet elles sont divisées en deux
groupes de trois :

Le signe ⌢ placé sur une note se nomme *point d'orgue*; et sur un silence, *point d'arrêt*. Il prolonge d'une valeur indéterminée la durée de cette note ou de ce silence.

La barre de reprise indique qu'il faut retourner au

commencement, ou au signe

Da capo ou D. C. retourner au commencement.

𝄋 retourner au signe pareil.

Piano ou *p*, doux. *Pianissimo* ou *pp*, très-doux.

Forte ou *f*, fort. *Fortissimo* ou *ff*, très-fort.

Crescendo, *Cres* ou ⟨ augmenter de force.

(*Descrescendo* ou *Descres.*) ou ⟩ diminuer de force.
(*Diminuendo* ou *Dim.*)

(*Rallentendo* ou *Rall.*) en ralentissant.
(*Ritardendo* ou *Rit.*)

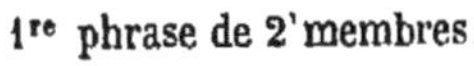

On sait maintenant ce que c'est que le *rhythme de
temps* et le *rhythme de mesure;* pour compléter cet exposé, il nous reste à faire comprendre par quelques
exemples ce que c'est que le *rhythme de phrase.*

1re phrase de 2 membres.

Andante. (HAYDN.)

2e phrase de 2 membres.

Phrase de 3 membres.

Phrase de 2 membres.

Toute phrase composée de membres inégaux manque de rhythme; elle est irrégulière.

Le n° 1er se compose de deux phrases égales.

L'égalité de deux ou plusieurs phrases forme aussi un rhythme qu'on pourrait appeler *rhythme de période.*

Le retour périodique de certaines combinaisons de

durées nommées *dessins*, forme encore un rhythme qu'on peut appeler *rhythme de dessin*.

Dans les trois exemples cités plus haut, il y a non-seulement rhythme de phrase, mais aussi rhythme de dessin.

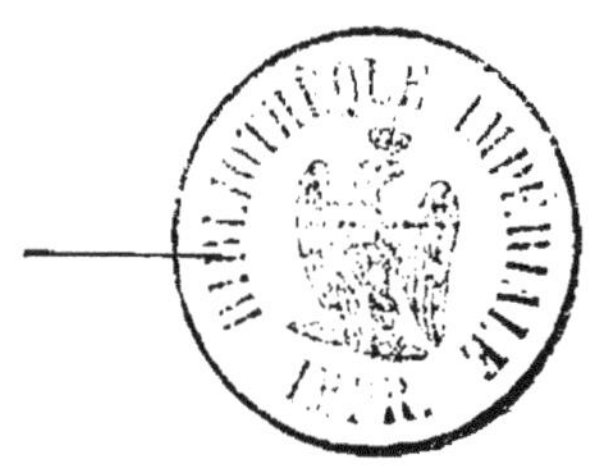

www.ingramcontent.com/pod-product-compliance
Ingram Content Group UK Ltd.
Pitfield, Milton Keynes, MK11 3LW, UK
UKHW031746170726
13836UKWH00002B/917